A HIERARQUIA DAS NECESSIDADES DE MASLOW

Obtenção de informação vital sobre como motivar as pessoas

50MINUTES.com

A HIERARQUIA DAS NECESSIDADES DE MASLOW

Obtenção de informação vital sobre como motivar as pessoas

escrito por Pierre Pichère
traduzido por Alva Silva

50MINUTES.com

A HIERARQUIA DAS NECESSIDADES DE MASLOW

PONTOS-CHAVE

- **Nome:** Hierarquia das Necessidades de Maslow, Pirâmide das Necessidades de Maslow.

- **Utilizações:** psicologia e ciências sociais (para categorizar e dar prioridade às necessidades individuais), marketing e gestão.

- **Por que é bem-sucedido?** É uma representação visual dinâmica das necessidades, incluindo tanto os aspectos fisiológicos como espirituais.

- **Palavras-chave:** psicologia, necessidades, Maslow, pirâmide.

INTRODUÇÃO

A ciência econômica é a atribuição de recursos limitados de acordo com as infinitas necessidades, motivações e expectativas dos indivíduos. Mas como se definem as necessidades? É isso que esta pirâmide, desenvolvida pelo psicólogo americano Abraham Harold Maslow (1908-1970), tenta fazer.

História

A partir da década de 1940, Maslow, juntamente com
Carl Rogers (psicólogo, 1902-1987), introduziu uma nova
abordagem à psicologia humanista. Nas suas obras,
Maslow estudou a estrutura das necessidades humanas. Os seus leitores e apoiantes formalizaram mais
tarde as suas teses sob a forma de uma pirâmide.

Há cinco níveis de necessidades:

- necessidades fisiológicas;

- necessidades de segurança;

- necessidade sociais;

- necessidade de estima;

- necessidade de autorrealização.

Cada uma destas categorias corresponde a atividades
humanas. Este modelo tem sido amplamente utilizado
na economia e no mundo empresarial, especialmente
em marketing e gestão. No final deste estudo, veremos
como o setor econômico utiliza o modelo com um
exemplo da indústria alimentar.

Definição do modelo

A pirâmide das necessidades, também chamada pirâmide de Maslow, oferece um modelo para definir as
necessidades dos seres humanos, desde as funções
mais básicas (comer, dormir etc.) até às mais satisfató-
rias (autoaperfeiçoamento, praticar arte ou esporte etc.).

Maslow era um psicólogo, mas o seu modelo, resumido por uma pirâmide, tem sido utilizado na economia e no mundo dos negócios. Oferece uma forma simples e eficaz de identificar diferentes necessidades, desde que sejam consideradas como um todo, e não como fases sucessivas.

TEORIA

A microeconomia diz naturalmente respeito às condições que conduzem ao intercâmbio no mercado. A pirâmide de Maslow posiciona-se à frente destas conclusões, mesmo na origem da procura: as necessidades.

OS CINCO NÍVEIS DE NECESSIDADES

Nível por nível, Maslow reúne várias necessidades humanas. Ele não menciona diretamente uma forma de pirâmide, mas uma hierarquia de importância: assim que uma família é atendida, outras necessidades aparecem imediatamente. Como a hierarquia de necessidades de Maslow abrange múltiplas áreas, incluindo o desenvolvimento pessoal, é útil utilizar os termos utilizados pelo próprio autor para compreender a essência do conceito.

- O primeiro nível é o das **necessidades fisiológicas**. Comer, beber, dormir, respirar etc., são todas funções relacionadas com a sobrevivência individual. Uma vez que estas são necessidades básicas e vitais, são obviamente as mais importantes: excedem certamente as necessidades de segurança, estima etc.

- Em seguida, as **necessidades de segurança**. Pode-se pensar imediatamente na integridade física, mas esta categoria não se limita a isso – a proteção contra roubo e danos também se enquadra nesta categoria. Maslow afirma que as necessidades de segurança levam as pessoas a preferir o que é familiar, em vez do desconhecido.

- Quando estes dois tipos de necessidades são satisfeitos, aparecem as relacionadas com o amor, o afeto ou as relações sociais (a **necessidade social,** de pertencer). Esta terceira categoria tem em conta a natureza social do ser humano.

- Isto leva ao quarto nível da pirâmide, que é a **necessidade de estima** ou reconhecimento. Esta categoria refere-se às necessidades relativas ao status, emprego, poder e dinheiro que nos definem na sociedade.

- Finalmente, no topo da pirâmide está a **necessidade de realização pessoal**. Enquanto as necessidades dos níveis inferiores dependem das percepções dos outros, as necessidades no topo da pirâmide estão relacionadas com o desenvolvimento da personalidade do indivíduo. Segundo Maslow, estas necessidades podem tomar qualquer forma, desde que correspondam aos desejos individuais da pessoa. Em outras palavras, se eu quiser ser médico, por exemplo, uma necessidade relacionada com o fato de ser médico, tal como a necessidade de saber como funciona o corpo humano, aparece automaticamente.

Na teoria de Maslow, deve-se satisfazer as necessidades de cada nível, antes de avançar para o nível seguinte. Será que alguém temeria pela segurança dos seus pertences se não tivesse nada para comer? Alguém se preocuparia com as suas ligações sociais ao ser atacado por um grupo de saqueadores? De que serve o reconhecimento dos outros sem estarem integrados em um grupo social? E de que forma pode alguém sentir-se realizado sem uma boa autoestima? Este é, portanto, um modelo dinâmico, não uma apresentação estritamente hierárquica.

Maslow coloca o desenvolvimento individual em perspectiva, assumindo que os indivíduos procuram sempre uma boa qualidade de vida. Na realidade, as necessidades não são as mesmas para todos e, também, variam ao longo do tempo. Além disso, outros tipos de necessidades podem surgir com importância variável de acordo com as pessoas, as circunstâncias e a coexistência com as representadas na pirâmide.

NECESSIDADES: DA ECONOMIA AO MARKETING

Em comparação com as muitas necessidades relacionadas com as relações sociais e humanas, a necessidade de bens disponíveis parece ser muito limitada. Contudo, o raciocínio econômico está mais interessado na utilidade, ou seja, na função de uma unidade adicional de um produto para o consumidor, do que na necessidade, sem dar prioridade aos próprios bens.

A análise das necessidades está mais preocupada com o marketing e a gestão. As necessidades são estudadas sobretudo ao nível da empresa e do seu posicionamento no mercado. Os psicólogos concordam que as necessidades existenciais e básicas são relativamente limitadas, mas há sempre uma necessidade – vista como uma falta ou um desejo – do produto por parte do consumidor.

Os comerciantes estão cientes disto e referem-se constantemente à famosa pirâmide de Maslow. Colocar um produto ou serviço na pirâmide leva-nos a considerar e desenvolver estratégias de lançamento que são por vezes muito variadas. Por exemplo, não comercializaríamos um produto de base como uma peça de alta tecnologia. É também possível que um produto ou serviço satisfaça diferentes níveis de necessidades; então, é necessário adaptar a mensagem de acordo com os consumidores-alvo.

LIMITAÇÕES E EXTENSÕES

LIMITAÇÕES E CRÍTICAS

Como todas as teorias clássicas das ciências sociais, a pirâmide das necessidades tem sido objeto de uma interpretação crítica. Várias fraquezas do modelo são salientadas, embora algumas sejam contraditórias. Podemos observá-las abaixo.

- **A falta de nuance na hierarquia das necessidades.** Algumas funções naturais são mais importantes do que outras. Pode-se ficar sem comer durante vários dias, mas só se pode parar de respirar durante alguns minutos.

- **A hierarquia questionável.** Não considera o fato de os seres humanos serem seres sociais. A necessidade de comer pode realmente ser colocada acima da manutenção das relações humanas ou do autoaperfeiçoamento? Sem comida, uma pessoa não pode sobreviver. Sem interação suficiente com os outros, o estado mental de uma pessoa se deteriora, levando-a à loucura ou mesmo ao suicídio.

- **O etnocentrismo do modelo.** Todos os estudos foram realizados sobre populações ocidentais, resultando em uma abordagem que só se aplica às civilizações ricas e desenvolvidas.

Com exceção deste último ponto, as críticas ligadas à falta ou ao excesso de hierarquia, referem-se mais aos usos desenvolvidos para a teoria de Maslow do que à própria teoria. De fato, a forma piramidal não aparece no trabalho de Maslow e esconde o movimento dinâmico que ele previa entre as várias necessidades.

A utilização marginal nos serviços públicos

A utilização da pirâmide de Maslow na economia continua sendo bastante limitada. É impossível analisar a definição de preços em função do nível de necessidade. A aplicação diz mais respeito à utilidade marginal de um bem (como demonstraram os economistas Léon Walras (1834-1910), William Stanley Jevons (1835-1882) e Carl Menger (1840-1921), no século XIX), que é a satisfação proporcionada por uma unidade adicional, em vez do seu nível na pirâmide de Maslow.

Lembre-se de que a pirâmide de Maslow não é uma classificação de todas as necessidades e desejos dos agentes econômicos, mas sim um modelo de realização humana em cinco etapas. Quando examinada desta forma, esta pirâmide pode servir de apoio às intervenções dos atores públicos na economia: regulação da produção alimentar e proteção da qualidade do ar (necessidades fisiológicas), aplicação da lei e da ordem (necessidades de segurança), garantia da socialização das crianças, particularmente na escola (amor e pertencimento) etc. É mais difícil considerar uma resposta para os dois níveis superiores da pirâmide. A radiodifusão pública, o ensino superior e o investimento na cultura podem talvez ser entendidos como respostas coletivas às necessidades de autorrealização e reconhecimento dos outros.

MODELOS E EXTENSÕES RELACIONADAS

A teoria das necessidades de Henderson

Outros modelos foram propostos, incluindo o modelo concebido por Virginia Henderson (enfermeira americana, 1897-1996), que identifica 14 necessidades apresentadas em um quadro. Este modelo é amplamente utilizado no mundo médico. No entanto, a contribuição adicional deste modelo não é clara. Todas as categorias identificadas enquadram-se nas cinco principais categorias da pirâmide de Maslow. Além disso, se os limites deste modelo forem imediatamente aparentes, é difícil justificar esta nova classificação.

Teoria ERG

Em 1969, o psicólogo americano Clayton Alderfer (nascido em 1940) apresentou a teoria ERG (Existence, Relatedness and Growth), que é na realidade uma versão mais concisa da pirâmide de Maslow. Em vez de cinco níveis, a teoria ERG identifica três: necessidades de existência (alimentação, vestuário, segurança etc.), necessidades de relacionamento (estar ligado a outros indivíduos) e necessidades de crescimento (desenvolvimento, criatividade, sentido de vida, autoestima etc.). Alderfer não se propôs a remodelar as categorias de

Maslow. Para ele, um indivíduo deve satisfazer estas necessidades simultaneamente, não uma após a outra, subindo os níveis da pirâmide. Se as necessidades de crescimento não forem satisfeitas, isto irá afetar o comportamento social e as funções básicas, como dormir e comer. De acordo com o psicólogo, a dinâmica das necessidades é mais abrangente do que no modelo de Maslow. O seu modelo tem sido especialmente bem-sucedido nos campos da gestão e da psicologia do trabalho.

APLICAÇÃO PRÁTICA

Como já vimos, a pirâmide de Maslow tem a sua aplicação econômica mais concreta na comercialização. Não é surpreendente que cada vez mais modelos da psicologia estejam sendo utilizados para fins de marketing, uma vez que o conceito de marketing se baseia na compreensão e antecipação do comportamento do consumidor.

PRODUTOS E NECESSIDADES

Em vez de focar na categorização de cada produto ou serviço em um nível da pirâmide, é melhor ver qual a operação que pode satisfazer a maioria das necessidades.

Um produto, uma necessidade

A aplicação mais básica é identificar o nível da pirâmide onde se situa o produto ou serviço que se pretende comercializar: os alimentos e a higiene básica pertencem ao nível inferior, os produtos culturais ao nível superior. Esta classificação parece extremamente rudimentar, mas faz sentido. A organização das prateleiras dos supermercados demonstra exatamente isso, uma vez que os seus produtos são categorizados de acordo com o seu tipo e utilização.

Os produtos mais básicos fazem frequentemente parte deste processo. Isto é especialmente verdade para os alimentos básicos. As embalagens de massas ou batatas cobrem apenas o primeiro nível da pirâmide: são concebidas para se alimentarem. Mas esta estratégia raramente é suficiente por si só. Lembre-se de que a pirâmide de Maslow é dinâmica, e um bom lançamento de produtos ou serviços deve satisfazer o número máximo de necessidades.

Marketing com a pirâmide

Desenvolver uma oferta para os consumidores tem tudo a ver com a focalização em todos os níveis da pirâmide.

Para compreender plenamente esta teoria, deve-se definir as necessidades no seu contexto contemporâneo. Novas funções – que não existiam na época de Maslow (século XX) – surgiram na sociedade. Por exemplo, se alguém mudasse de casa nos anos 50, não iria tão depressa ou tão longe quanto podemos hoje: as famílias estavam mais próximas umas das outras, e a sua casa era normalmente ao lado do seu local de trabalho. Para além dos fins de lazer, a necessidade de viajar pode ser considerada uma necessidade fisiológica, pois permite a alguém ganhar a vida indo trabalhar ou manter as suas relações emocionais visitando amigos e familiares.

O carro é um excelente exemplo de uma estratégia que evolui dentro da pirâmide. Os modelos menos caros estão limitados às características básicas, enquanto os modelos mais caros combinam prestígio e conforto. Em todos os casos, este tipo de produto envolve vários níveis da pirâmide: a necessidade fisiológica de viajar, a necessidade de evitar os veículos conhecidos por não serem confiáveis, pertencentes à comunidade de motoristas cujos carros são de uma marca em particular e conhecida, e – para os modelos mais avançados – a satisfação de possuir um bem caro e de luxo.

O marketing tenta, portanto, estabelecer uma estratégia para satisfazer os níveis mais elevados da pirâmide com produtos que parecem satisfazer, principalmente, o primeiro nível de necessidades. Também fornece uma função oposta, embora isto seja mais difícil. Quando um produto ou serviço se destina ao desenvolvimento da autoestima ou da personalidade, uma marca pode concentrar e enfatizar os aspectos fisiológicos e de segurança da compra, a fim de atrair o maior número de consumidores para comprar o produto. Pense nos cosméticos, onde a marca alterna entre a beleza radiante (quarto e quinto níveis) e o autocuidado, mantendo a pele e o corpo, o que se refere às necessidades fisiológicas e de segurança.

O marketing e a necessidade de amor e pertencimento

E quanto ao terceiro nível da pirâmide? Parece ridículo imaginar produtos que possam satisfazer a necessidade de amor. Maslow coloca nesta categoria os laços de amizade ou amor, que são difíceis de satisfazer no mercado (embora o sucesso dos sites de encontros demonstre que existe um lugar para os intermediários na matéria), bem como a filiação em grupos sociais.

Durante muito tempo, o marketing jogou com o prestígio de um produto para encorajar o consumidor a comprá-lo. Desde o final do século XIX, o sociólogo e economista Thorstein Veblen (1857-1929) tinha identificado um preconceito no modelo de *homo economicus*.

 **INFORMAÇÃO EXTRA: *HOMO ECONOMICUS***

O conceito do homem econômico, *homo economicus* em latim, reflete o comportamento teórico dos seres humanos. Com base nesta representação abstrata, os teóricos em diferentes campos pensam nas potenciais interações entre o humano aqui ilustrado e os conceitos que eles desenvolvem.

Claro que maximizamos a utilidade do que compramos, mas a imitação e até mesmo o esnobismo não estão ausentes das nossas decisões. Esta análise é uma extensão do conceito desenvolvido pelo sociólogo francês Pierre Bourdieu (1930-2002): as nossas práticas sociais, e, portanto, as nossas compras, respondem frequentemente ao desejo de nos destacarmos dos nossos pares, imitando as práticas das classes sociais superiores. Ao comprar um produto (carro, perfume etc.), o consumidor pode também satisfazer a sua necessidade de reconhecimento social.

Embora esta não seja uma tendência nova, tem uma força particular no desenvolvimento de múltiplas identidades e laços comunitários, que são apoiados – se não iniciados – pelas tecnologias de informação e comunicação, particularmente as redes sociais. Algumas marcas jogam perfeitamente com o sentido de pertencimento ligado ao simples fato de serem proprietárias do produto. Pense em como a Apple criou uma comunidade de usuários desde os anos 80: começando pelo microcosmo dos designers gráficos e profissionais de imagem, esta comunidade, da qual muitos usuários se consideram membros, cresceu exponencialmente graças ao mercado de massas e à comercialização dos seus produtos emblemáticos (iPhone, iPad etc.). O Facebook, Twitter e todas as redes sociais também estão utilizando esta estratégia e construindo sobre o sentimento de pertencimento, que, neste caso, está no centro do seu modelo de negócio, com a vantagem de financiamento gratuito relacionado com a publicidade.

ESTUDO DE CASO – A INDÚSTRIA ALIMENTAR

Por fim, vejamos com mais detalhe um setor econômico: a indústria alimentar. Este setor foi particularmente bem concebido para satisfazer todos os níveis da pirâmide e para continuar desenvolvendo produtos cada vez mais inovadores.

Alimentos para alimentar

Evidentemente, a indústria alimentar responde a uma necessidade fisiológica: a necessidade de comer. Não há necessidade de insistir neste aspecto, exceto para salientar como o valor de um setor industrial permanece limitado se responder apenas a uma necessidade estrita. A fim de crescer, a cadeia de valor também incorporou muitos objetivos diferentes, para além de satisfazer apenas a fome.

Alimentos para proteção

A indústria alimentar é também construída sobre segurança. Devido aos regulamentos que regem a fabricação de produtos, a indústria é obrigada a oferecer mais alimentos certificados do que os antigos produtores artesanais (no entanto, deve salientar que este argumento era válido na altura do desenvolvimento, mas agora os produtos artesanais estão também sujeitos a rigorosas normas de higiene). Em tempos, a indústria conserveira doméstica expôs muitas famílias ao risco de botulismo (um tipo de intoxicação alimentar com consequências graves), que não era um perigo com as conservas industriais.

Hoje, foi acrescentado um segundo nível de segurança, uma vez que os fabricantes investiram no nicho dos "alimentos funcionais", também conhecidos como nutracêuticos. Margarina que reduz o colesterol, leite fortificado (que estimula o crescimento das crianças), grãos que ajudam a digestão ou água mineral que fortalece o sistema imunitário, têm prosperado nos supermercados. As suas alegações de saúde são também cada vez mais controladas com maior rigor.

Alimentos para socializar

A alimentação, especialmente no mundo ocidental, está profundamente enraizada na nossa cultura. Uma refeição é uma fonte de convivialidade e um tempo de partilha. Os fornecedores industriais têm naturalmente aproveitado a oportunidade para oferecer produtos que satisfazem esta necessidade de pertencimento e laços sociais. Aqui estão três exemplos que se enquadram nesta categoria:

- refeições prontas "tradicionais", que afirmam reavivar tradições e aproximar o consumidor da identidade culinária do seu país;

- produtos festivos e inovadores, como aperitivos ou sobremesas, que criam uma certa quantidade de convívio;

- grandes marcas com diferentes produtos para diferentes mercados-alvo, especialmente aqueles com produtos baseados na infância, que atravessam gerações e se concentram no fato de o sabor dos alimentos ser uma identidade partilhada entre todos os que os consomem, criando continuidade entre pais e filhos (Nutella, Haribo, Kinder, Banania etc.).

O desenvolvimento de departamentos *halal*, *kosher* e asiáticos nos supermercados também corresponde ao lado identitário da alimentação, ajudando as populações imigrantes a manter uma ligação com a sua cultura nativa através das suas compras alimentares.

Alimentos para expressar valores

Recentemente, a indústria alimentar tem abordado a questão dos valores, desta vez não necessariamente em um sentido econômico. Após o aparecimento simultâneo de grandes cadeias varejistas e da industrialização dos alimentos, houve muitas perguntas a responder. A preocupação com os OGMs, a crise da doença das vacas loucas dos anos 90, seguida da Disputa do Hormônio na Carne, as sucessivas campanhas sobre obesidade e excesso de açúcar nos nossos alimentos, levaram os consumidores a querer mais explicações. A consciência ambiental e a procura de diferenciações em um mundo globalizado reforçaram esta expectativa.

É esta necessidade de pertencimento e valor que resultou em rótulos, nomes e outras diretrizes que se espalharam pelo setor alimentar. "Agricultura biológica", "comércio justo" e "produtos regionais" tornaram-se rótulos que vemos constantemente nas prateleiras. Eles fornecem informações sobre a qualidade ou origem dos alimentos, juntamente com informações sobre as condições de produção. Os campos são muito amplos: compensação dos trabalhadores locais, não utilização de pesticidas, respeito pelas tradições culinárias antigas etc. Todos são livres para escolher os seus produtos preferidos, desde que o rótulo corresponda aos seus valores.

Alimentos para o desenvolvimento pessoal

Finalmente, a alimentação – e, portanto, a indústria alimentar – reflete também o nível superior da pirâmide, nomeadamente a realização pessoal.

Produtos de ponta, tais como grandes vinhos de colheita, café artesanal, chocolate fino ou chás raros, deliciam os consumidores para além da simples necessidade de satisfazer a fome ou a sede. A gastronomia, se não for uma arte, é certamente um ofício de excelência que satisfaz a necessidade de realização de um consumidor. É certamente incorporado por grandes chefs ou padeiros, mas tem também um escoamento na indústria alimentar.

Oferecer aos consumidores a simples possibilidade de empreenderem parte de sua receita pode também satisfazer a necessidade de realização. É por isso que a indústria fornece kits para fazer panquecas ou bolos, e, também, oferece muitos produtos pré-preparados para ajudar a cozinhar "pratos caseiros", permitindo que os consumidores ajudem a confeccioná-los, dando-lhes assim a oportunidade de exprimir a sua criatividade.

RESUMO

- A pirâmide de necessidades oferece um modelo de cinco níveis que categorizam as necessidades humanas.

- Este modelo dinâmico detalha as cinco etapas sequenciais necessárias ao desenvolvimento humano: necessidades fisiológicas, sensação de segurança, pertencimento, autoestima e realização pessoal.

- Teorizada pelo psicólogo americano Abraham Maslow, foi raramente utilizada em economia porque nada diz sobre o desenvolvimento concreto da procura, ou seja, transformar o desejo de um cliente em uma compra.

- Embora a sua simplicidade tenha sido criticada, continua sendo um ponto forte do modelo. A pirâmide é amplamente utilizada no marketing, pois o posicionamento de um produto ou serviço na pirâmide, ao mesmo tempo que tenta, se possível, satisfazer as necessidades em vários níveis, leva ao desenvolvimento de uma estratégia relevante.

LEITURA ADICIONAL

BIBLIOGRAFIA

Bouchiki, H., Cerdin, J-L., Dornier, P-P., Esnault, B., Le Nagard-Assayag, E. e Mottis, N. (2001) *Convite à direcção*. Paris: Prensas universitaires de France.

Fenouillet, F. (Sem data) Modèle hiérarchique des besoins. *La motivation, un concept puzzle*. [Online]. Acessado em 5 de maio de 2014. Disponível em: <http://www.lesmotivations.net/spip.php?article40>

Jacquemin, A., Tulkens, H. e Mercier, P. (2000) *Fondements d'économie politique*. [3rd edição]. Bruxelas: Universidade Boeck.

Lambin, J.-J. e Moerloose, C. (2012) *Marketing stratégique et opérationnel*. [8th edição]. Paris: DUNOD.

Maslow, A. (2003) *Devenir le meilleur de soi-même: besoins fondamentaux, motivations et personnalité*. Paris: Eyrolles.

Mias, L. (Sem data) Maslow, Henderson, soins. *Papidoc*. [Online]. Acessado em 5 de maio de 2014. Disponível em: <http://papidoc.chic-cm.fr/573MaslowBesoins.html>

Queremos ouvir você!
Deixe um comentário sobre a sua biblioteca online
e compartilhe os seus livros favoritos nas redes sociais!

Mestre ISBN: 9782808065481
Papel ISBN: 9782808065771
Depósito legal: D/2022/12603/106

Desenho digital: Primento,
o parceiro digital dos editores.